AF308729

Omne tulit punctum qui miscuit utile dulci.

A PARIS

Chez l'Auteur Rue du Mail, N.º 25. ——— Et aux adresses ordinaires de Musique.

Le 30. Frimaire, L'An 6, de la Républiq.º Franc.ºᵉ ou le 20. Décembre 1797. (Vieux Stile .)

Propriété de l'Auteur ——— Enregistré à la Bibliothèque Nationale.

gauzargues

PRÉFACE

Après avoir donné au public un traité d'harmonie à portée de tout le monde par sa clarté, sa brieveté et sa simplicité, il me restoit encore une tache à remplir, c'est à dire, à mettre au jour un traité de composition qui, par l'exposé des differentes marches de la basse continue ou fondamentale, evite à l'écolier la peine de les chercher, lui aplanisse les difficultés, qui pourroient se présenter dans la pratique et lui abrege le tems nécéssaire pour se perfectionner dans la composition.

Un traité d'harmonie consiste dans l'exposition et la nomenclature des accords, et un traité de composition dans l'aplication des regles de cet art. l'un est la théorie et l'autre la pratique.

Dans cet ouvrage, comme dans le précédent, j'ai suivi les mêmes procédés: clarté, brieveté et simplicité ont été l'objet de mon travail.

Pour être veritablement compositeur, il ne sufit pas de connoitre l'harmonie, il faut encore être doué des dons de la nature. elle seule distribue à son gré le génie, le gout et l'esprit. la connoissance de l'harmonie vient de l'étude et de l'aplication: tout homme peut l'acquérir. nascimur poetœ, fimus oratores, mais cette connoissance le rendra t'elle compositeur? non. plaire est le but de la musique „ et ce n'est que par la mélodie que l'on remplit cet objet. la mélodie vient du gout et c'est la nature qui le donne. en musique l'harmonie est l'accessoire et la mélodie le principal. il est cependant des occasions ou l'éffet qu'on veut produire ne doit sortir que d'une grande recherche d'harmonie, comme dans les récitatifs obligés, faits pour peindre les differentes situations de l'ame. ces sortes de morceaux sont imposants, mais ils sont rares. on etonne par l'harmonie: on plait par la mélodie, et comme dans un auditoire il y a peu de connoisseurs en harmonie, le compositeur doit donc s'attacher particulierement et de préférence à la mélodie, faire des jolis airs, qui soient senti de tout le monde. en musique (généralement parlant) l'harmonie ne doit servir qu'à faire valoir le chant: elle est un ombre au tableau; ainsi sans mélodie point de musique. seroit on poete si, depourvu de gout, d'esprit et de génie, on n'avoit d'autre merite que celui de faire des vers, ou le mêtre et la rime seroient exacte= =ment observés? il en est de même de la musique. la poesie et la musique sont deux soeurs, et ce qu'a dit boileau sur la poesie s'aplique parfaitement à la musique.

> C'est envain qu'au parnasse un téméraire auteur
>
> Pense de l'art des vers atteindre la hauteur
>
> S'il ne sent point du ciel l'influence secrette,
>
> Si son astre en naissant ne l'a formé poete ,
>
> Dans son génie étroit il est toujours captif .
>
> Pour lui Phébus est sourd, et Pegase est rétif .

AVANT PROPOS.

Interesser les hommes, en les instruisant sur les arts et les siences, doit être le but d'un instituteur intelligent. la methode que j'ai adoptée dans ce traité de composition, d'un genre absolument nouveau, remplit cet objet. elle joint l'utile à l'agréable. jusqu'i= =ci ces sortes d'ouvrages, quoique bons en eux mêmes, n'ont consisté qu'à exposer simplement les regles de l'harmonie dans deux, trois, ou quatre mesures. cette maniere seche, sans attrait et fatiguante pour les écoliers, leur a fait souvent abandonner le desir de s'instruire. pour eviter cet inconvenient, j'ai renfermé dans des petits morceaux chantans, ou mésurés, l'objet d'instruction, dont il s'agit. ensorte que les exemples, que contient cet ouvrage, sont tout à la fois une leçon de musique de gout et d'harmonie. ils servent en même tems à donner aux éleves l'idée du rithme et des caracteres des differens morceaux de musique; à employer, préparer et sauver les dissonances; à connoitre tous les accords et la maniere de les chiffrer enfin à exciter l'émulation. pour donner plus de latitude à l'instruction des éleves, j'ai eu soin de composer à cinq parties la plupart des morceaux, afin qu'ils voyent comment on employe les parties de remplissage dans une suite d'accords . la methode que je viens d'ébaucher, d'autres la perfectionneront, mais il me restera l'avantage d'en avoir eu l'idée le premier.

INSTRUCTION PRÉLIMINAIRE.

1. Dans une succession d'accords, il faut toujours faire attention à l'harmonie qui suit et jamais à celle qui a précédé.

2. Pour connoitre le nom qu'on donne à un accord, il n'y a qu'à compter les dégrés, ou intervalles qu'il y a, en partant du son fondamental : ainsi en supo= =sant UT son fondamental et premier degré, le second degré RE sera une seconde, MI une tierce, FA une quarte, et ainsi de suite en montant jusqu'à treize.

3. L'accord de soudominante, formé de tierce, quinte et sixte, n'est pas le même accord que celui qui, composé des mêmes notes, est un renversement d'une simple septieme posée sur la seconde note du ton ou l'on est, majeur ou mineur. le premier est un accord fondamental par essence, et le second un dérivé. l'harmonie qui les suit les distingue l'un de l'autre. si de l'accord de la soudominante on passe à la note tonique, ou à l'un de ses dérivés, c'est un accord fondamental. si au contraire une septieme quelconque, ou ses renversemens, succedent immédiatement à l'accord de sixte et quinte, alors c'est un dérivé.

4. J'ai avancé dans mon traité d'harmonie que la sixte superflue n'étoit qu'une licence, un pur agrément. l'origine de cet accord, dont il n'est pas hors de propos de donner ici l'historique, confirme mon assertion.

Un chanteur italien rencontre dans son rôle une petite sixte ordinaire, et de son chef, (le mouvem.^t etant lent) y ajoute un diese, comme dans l'exemple qui suit

cette innovation surprit d'abord les auditeurs. le même trait ayant été répété à
chaque représentation de l'opera qu'on donnoit, les oreilles commencerent à
s'y accoutumer. enfin l'accord de sixte superflue fut reçu et mis au rang des
licences et agrémens dans le chant ; mais on ne le regarda jamais comme un accord
nouveau et fondamental. les compositeurs italiens ne le traitent encore
aujourd'hui que comme une sixte alterée, or un accord déjà éxistant, et simple=
=ment alteré, n'est pas un accord nouveau et fondamental.

5. Quoique le propre de la sixte superflue soit de n'être employée ordinairem.ᵗ
que sur le sixieme degré d'un mode mineur, il est cependant des occasions,
ou elle se pratique aussi passagerement et avec succès, sur la petite sixte
d'un mode majeur, àla faveur d'un bemol mis àla note de la basse. pour par=
=venir à cet effet, arrivé sur le cinquieme degré du ton, c'est à dire, sur la
dominante, il faut éviter de faire entendre la septieme qu'auroit du porter la
dominante tonique, et substituer l'octave à cette septieme. c'est ce qu'on
verra dans l'exemple cité à cet effet

6. Il y a plusieurs espèces de septieme : la majeure, la mineure, la dominante
tonique, la diminuée et la superflue, que je nommerai dans cet ouvrage,
TONIQUE et DOMINANTE. les raisons en ont été motivées dans mon
traité d'harmonie.
La septieme majeure se place sur le premier et le quatrième degré d'un
mode majeur, et sur le troisieme et sixieme degré d'un mode mineur.
La dominante tonique, sur le cinquieme degré du ton.
La diminuée, sur la note sensible d'un mode mineur.
Et la tonique et dominante, anciennement dite, septieme superflue, sur la note
tonique.
La dominante tonique dans un mode majeur a une petite croix au dessous
du chiffre qui l'accompagne, comme dans l'exemple qui suit. . . . . . .

Et dans le mode mineur un diese àla place de la petite croix cy. . .

La septieme diminuée a un diese à côté de la note fondamentale de cet
accord, et si l'on veut un sept barré par le milieu cy. . . . . . .

Et la tonique et dominante, un sept barré dans le haut, comme ci après. . . .

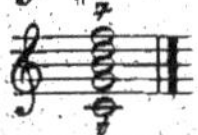

Les autres septiemes, majeures ou mineures, n'ont aucun signe qui les accom=
=pagne. elles se pratiquent sur tous les degrés. la septieme mixte, qui se
place sur le second degré d'un mode mineur, est barrée quelquefois par
le milieu, à cause de sa quinte diminuée cy. . . . .

comprise dans la cathégorie des septiemes mineures, on peut, si l'on veut, se dispenser de la barrer.

Quant àla dominante tonique, elle ne conserve son signe distinctif que lors=qu'elle n'est point comprise dans l'enchainement d'une suite de septiemes mineures. Dans une série de septiemes, il est loisible de suprimer la dissonance pour ne laisser entendre que l'accord parfait, ou ses derivés. un exemple cité à cette occasion en sera la démonstration.

7. La neuvieme ne se renverse pas, et quoiqu'elle représente la seconde, ces deux accords sont très differens l'un de l'autre. la neuvieme peut être employée sur tous les dégrés d'un ton donné.

8. La onzieme est l'octave de la quarte: malgré cela ces deux accords n'ont pas plus d'identité entr'eux que la neuvieme et la seconde. la formation de ces quatre accords, la seconde, la neuvieme, la quarte et la onzieme, les diffe=rencie. c'est ce que l'on verra lorsqu'on traitera de ces accords. au reste la onzieme se place sur tous les degrés d'un mode majeur ou mineur.

9. Si on employe la neuvieme et la onzieme tout àla fois, il faut avoir soin de faire descendre, pour les sauver, dabord la onzieme, ensuite la neuvieme et finalement la septieme qui les accompagne. quelquefois la onzieme et la neu=vieme descendent en même tems.

10. La quinte superflue est un accord de suposition. elle ne se pratique que dans le mode mineur. sa place est une tierce au dessous de la dominante tonique; parconsequent sur le troisieme degré du ton. pour adoucir sa dureté, on la prépare ordinairement par l'accord sensible et on la sauve par la sixte consonante, la basse restant sur la médiante, autrement dit, sur le 3eme degré.

11. La onzieme majeure et mineure se fait quelquefois entendre sur la note tonique, ce qui revient à l'accord de tonique et dominante, jadis appelé septieme superflue.

12. La treizieme majeure et mineure se place aussi sur la tonique, ou ton principal.

13. Le chromatique, composé entierement de dominantes toniques qui se suc=cedent, est formé par des demi tons majeurs et mineurs.

14. Dans le mode mineur chaque fois que l'accord sensible se présente, on peut substituer la fausse quinte àla quarte, sans abuser de cette faculté. ne quid nimis.

15. Les differentes espèces de septieme, formant dans l'harmonie, la majeure partie des dissonances, il en a été exposé plusieurs exemples.

16. Les regles de l'harmonie sur l'échelle diatonique, étant susceptibles de renfermer une grande partie de la composition, on a cru nécéssaire d'en donner plusieurs exemples, remplis d'accords differens.

17. N'y ayant en musique que deux modes, l'un majeur l'autre mineur, un seul

exemple, en fait d'accord, sur chacun de ces modes, doit suffire. l'harmonie de ces exemples, portée sur les autres degrés de l'échelle diatonique, sera toujours la même. agir autrement, c'est multiplier les êtres sans nécessité, grossir inutilement un traité, prendre une peine superflue et occasionner une augmentation de prix dans l'achat de l'ouvrage.

18. Il y a des régles établies pour la modulation; mais ces régles sont-elles d'une si grande rigueur qu'on soit absolument assujetti à les suivre ponc= =tuellement en passant par les rélatifs? prescrit on des régles au génie? ses écarts sont quelquefois plus heureux que l'emploi strict de toutes les regles possibles. dans l'enharmonique, par exemple, ou l'on passe rapi= =dement d'un ton à un autre, aussi éloigné qu'inattendu, observe t'on les régles ordinaires de la modulation? cependant pour qu'un écolier, peu familier encore avec les régles de l'harmonie, ait une route tracée pour les modulations ordinaires, il saura que de la tonique il peut passer à la dominante, de la revènir à la tonique pour arriver en suite à la soudominante, enfin parcourir successivement tous les dégrés à volonté, pourvu qu'il n'y ait rien de dur dans ses modulations, et finir par le ton principal. s'il n'est pas permis de faire des choses contre les régles, il est réservé au génie d'aller par delà les régles, surtout quand il s'agit de produire des effets qu'on n'obtiendroit pas des régles reçues. souvent un beau désordre est un effet de l'art:

19. La neuvieme, placée sur tous les dégrés du ton principal, peut être considerée de deux manieres, ou comme suspension de chant, ou comme suspension d'harmonie. on en aura la démonstration dans les exemples cités à cette occasion. plusieurs auteurs ne regardent les suspensions que comme des retardemens. d'autres pensent qu'il y a suspension de chant et suspension d'harmonie: il faut éclairer l'écolier la dessus.

Pour connoitre selon l'avis des derniers, la difference qu'il y a entre les suspensions de chant et les suspensions d'harmonie, il faut donner son attention à l'accord qui suit ces suspensions. si immédiatement après une suspension quelconque, la note de la basse porte l'accord, qui auroit dû paroitre dabord, c'est une suspension de chant. si au contraire, après une suspension, la basse s'écarte de la route ordinaire pour passer à des accords consonans ou dissonans, autres que ceux qui devoient suivre naturellement, c'est une suspension d'harmonie, formée ordinai= =rement par des accords de suposition.

20. A l'égard des cadences, laissant de coté la parfaite, qui termine chaque conclusion de chant et qui, comme on le sait, descend de quinte, ou monte de quarte de la dominante sur la tonique, on ne parlera que des autres cadences, qui sont la rompue, l'interrompue et l'irrégulière.

6

La rompue est celle qui, d'une dominante, ne monte que d'un degré.

L'interrompue celle qui, d'une dominante tonique, descend de tierce pour former une simple septieme, ou une dominante tonique, qui devient alors cadence interrompue évitée.

L'irreguliere celle qui, par un accord de sixte et quinte, monte de quinte ou descend de quarte sur une tonique.

21.Il y a plusieurs manieres d'éviter les cadences. ce traité en fournit plusieurs exemples.

22.Les accords sont susceptibles d'alteration sans que la nature et la marche de ces accords y éprouvent le moindre changement. l'alteration est une licence d'agrém: et de gout: en l'employant on doit la passer brievement: sa prolongation la rendroit dure a l'oreille. on en trouvera quelques exemples. il faut se souvenir qu'une alteration, placée sur un accord, peut le suivre dans ses renversemens.

23.Il y a dans la marche harmonique des anticipations et des retardemens. lorsque l'une des parties, soit en montant, soit en descendant d'un degré, prévient l'accord qui doit suivre, c'est une anticipation. si au contraire l'une des parties reste en arrière sur la marche harmonique, c'est un retar=dement. l'anticipation et le retardement sont formés par des sincopes.

24.On trouvera plusieurs exemples de l'imitation du chant dans les parties de remplissage et même dans la basse. cet objet n'a pas besoin d'explication.

25.La transition est le passage d'un accord à un autre, soit consonant, soit dissonant. deux exemples, fort interessans sur ce sujet, faciliteront aux éleves la maniere de moduler, et de passer rapidement d'un degré à un autre dans toute l'étendue de l'échelle diatonique

26.Pour ne rien laisser a desirer dans cet ouvrage, j'y ai inseré un morçeau en chromatique et enharmonique. l'enharmonique s'opere en prenant pour diese ce qui est bémol, et pour bémol ce qui est diese, sur deux notes, qui sont en degré conjoint et dont l'une à un diese et l'autre un bémol: comme par exemple SOL diese et LA bémol cy . . . .

27.Du dessein ou fugue. la fugue ne convient gueres qu'à la musique d'église. c'est un dessein que le compositeur fait entendre successivement dans toutes les parties d'un choeur et dans les differentes modulations qu'il parcourt.

Pour profiter avantageusement des moyens fournis dans cet ouvrage et parvenir bientôt à être compositeur, sans le secours d'aucun maitre, il faut auparavant s'être bien rempli la tête des principes d'harmonie que renferme mon premier ouvrage et dont celui ci est le complement. autrement comment employer des accords qu'on ne connoitroit pas ?

NOTA. Dans le courant de ce traité la lettre majuscule A designera la note sur laquelle portera l'accord dont il s'agira.

CHAPITRE Ier

De l'Accord parfait et de ses dérivés

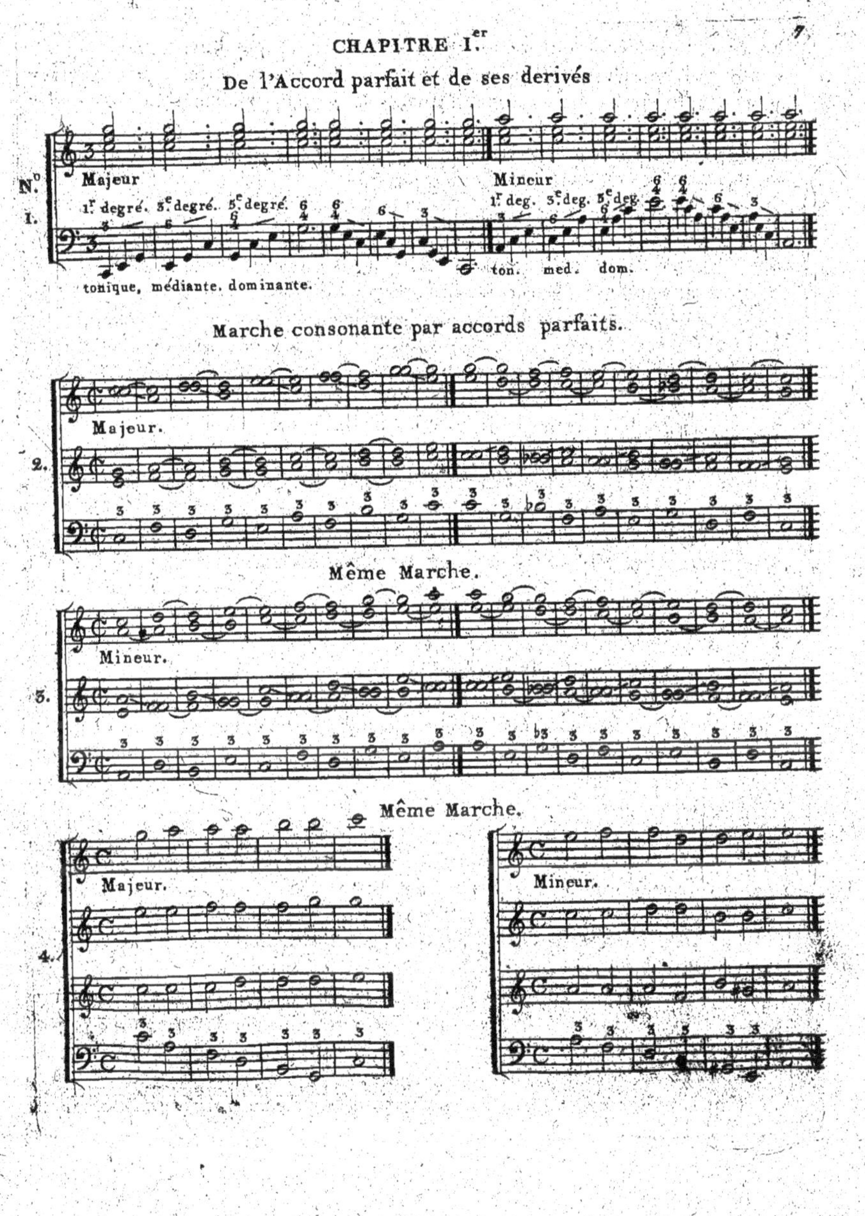

Marche consonante par sincope.

Autre exemple d'accords parfaits avec sincope.

CHAPITRE II.

De la septieme et de ses derivés.

Ces differentes septiemes sont renfermées dans les exemples suivants.

Septieme avec son renversement.

Septieme avec son renversement.

Emploi des differentes septiemes ci dessus.

Le renversement de la septieme est dans les parties de remplissage.

Marche de septieme avec supression de la dissonance:
ce qui revient à une marche consonante par accords parfaits.

Marche de septiemes en chromatique

Le chromatique, formé de demi tons majeurs et mineurs, se pratique plus volontiers en mode mineur qu'en mode majeur. nous allons cependant en donner un exemple en mode majeur.

De la septieme diminuée.

Septieme diminuée convertie en dominante tonique et dominante tonique convertie en septieme diminuée.

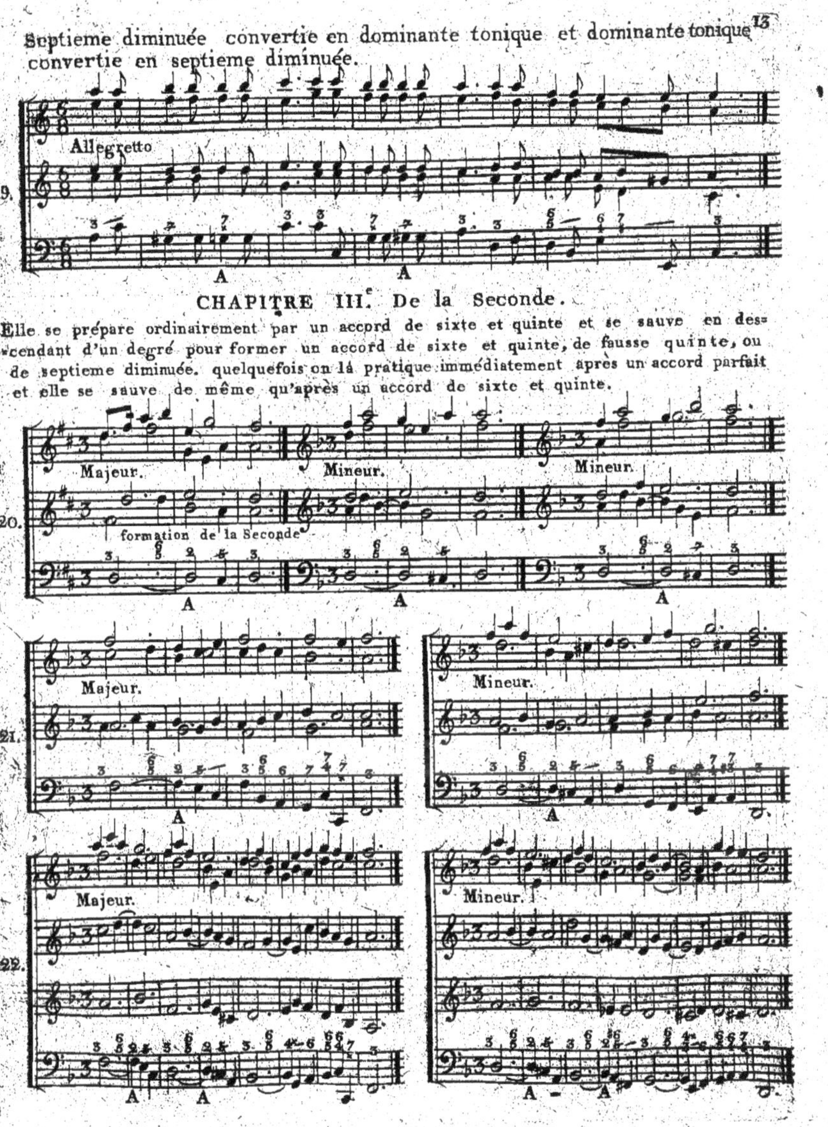

CHAPITRE III. De la Seconde.

Elle se prepare ordinairement par un accord de sixte et quinte et se sauve en descendant d'un degré pour former un accord de sixte et quinte, de fausse quinte, ou de septieme diminuée. quelquefois on la pratique immédiatement après un accord parfait et elle se sauve de même qu'après un accord de sixte et quinte.

De la Seconde,

Avec imitation de chant.

De la Seconde superflue.

Derivée de la septieme diminuée, elle se pratique sur le sixieme degré d'un mode mineur et se sauve en descendant d'un degré.

CHAPITRE IV. de la Quarte.

Elle se sauve en descendant d'un degré pour former un accord parfait, dans les exemples suivans elle est préparée par l'octave, la septieme et la fausse quinte.

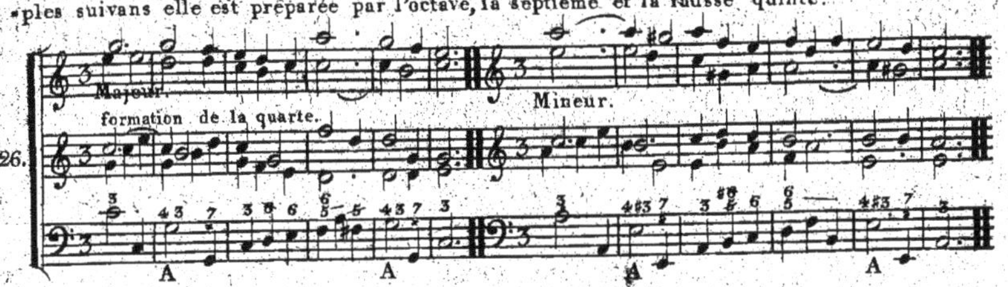

Progression de basse par accords parfaits, pour préparer les deux exemples suivans avec dissonances.

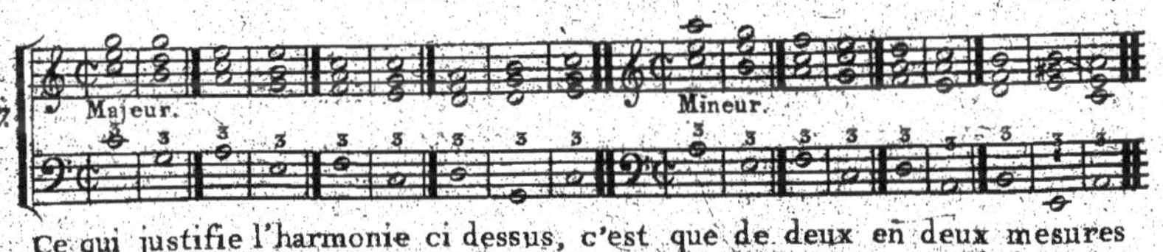

Ce qui justifie l'harmonie ci dessus, c'est que de deux en deux mesures la phrase est censée finie, et que sa continuation, par son enchainement, produit l'éffet d'une cadence rompue.

Autres exemples de la Quarte et maniere de l'employer.
avec chromatique.
sans chromatique.
Majeur.
Majeur.
29.
A A A A
A A A A
Autre maniere.
Mineur.
Mineur.
30.
A A A
A A A
CHAPITRE V.
De la soudominante et de la sixte et quinte.
Difference qu'il y a entre ces deux accords par leur resultat.
MINUETTO.
Allegretto
31.
fond.
fond.
fond.
derivé
derive
A A A
fond.
fond.
fond.
A A A

CHAPITRE VI.

De la Sixte superflue et maniere de l'employer.

CHAPITRE VII. de la Neuvieme.

Dans les exemples suivans elle est préparée par la tierce et la quinte, et sauvée par l'octave. elle peut se sauver encore par la tierce et la quinte en descendant de 5. ou 7. degré.

Suspension de chant par neuvieme tant en montant qu'en descendant, ou la neuvieme est toujours préparée par la tierce et sauvée par l'octave.

Autre suspension de chant par neuvieme.

CHAPITRE VIII.
De la Quinte superflue.

Préparée par l'accord sensible, elle se sauve par la sixte consonante.

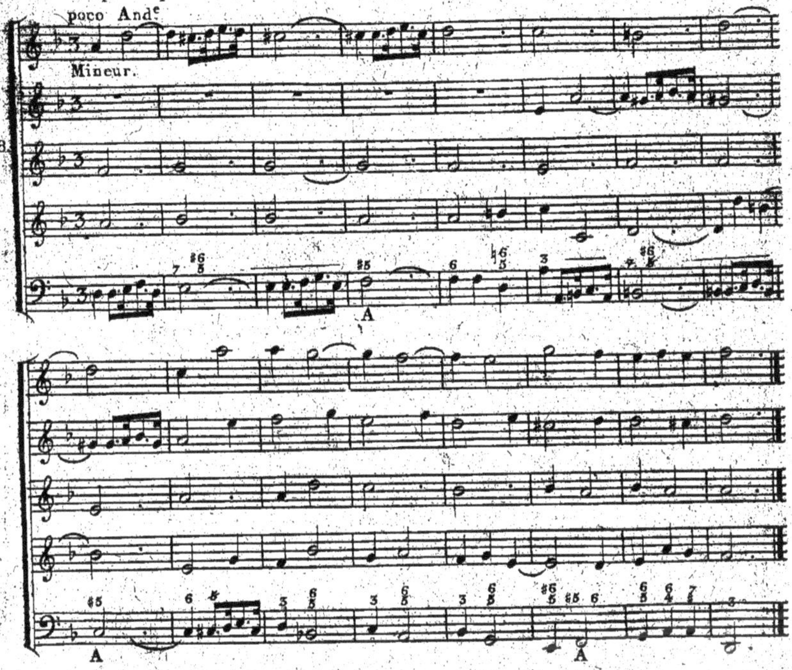

Suspension de chant sur la neuvieme et la quinte superflue.

CHAPITRE IX.
De la Onzieme.

Préparée par la quinte, elle est sauvée par la tierce.

CHAPITRE X.

De la Treizieme.

Elle se pratique sur la note tonique du mode majeur et mode mineur.

CHAPITRE XI.
De la suspension d'harmonie.

CHAPITRE XII.
Du Chromatique diatonique en montant et en descendant.

CHAPITRE XIII.
Emploi du Chromatique et Enharmonique.

CHAPITRE XIV.

Harmonie diverse sur la marche d'une même basse.

Autre Exemple.

Autre Exemple.

Autre Exemple.

CHAPITRE XV.
Accords differens à la suite du Triton.

CHAPITRE XVI.
Des Cadences.

De la cadence rompue. elle monte seulement d'un degré.

De la Cadence interrompue.

Elle se pratique en descendant de tierce d'une dominante tonique sur une simple septieme, ou sur une dominante tonique, alors elle est cadence inter-rompue evitée.

Autre Exemple.

Des Cadences irregulieres.

Elles montent de quinte, ou descendent de quarte pour former un accord parfait.

Autre Exemple.

CHAPITRE XVII.

De la maniere d'éviter les Cadences.

Andantino.

CHAPITRE XVIII.
De l'alteration.

L'altération dans les accords est une licence d'agrément et de gout, elle peut les suivre dans leur renversement.

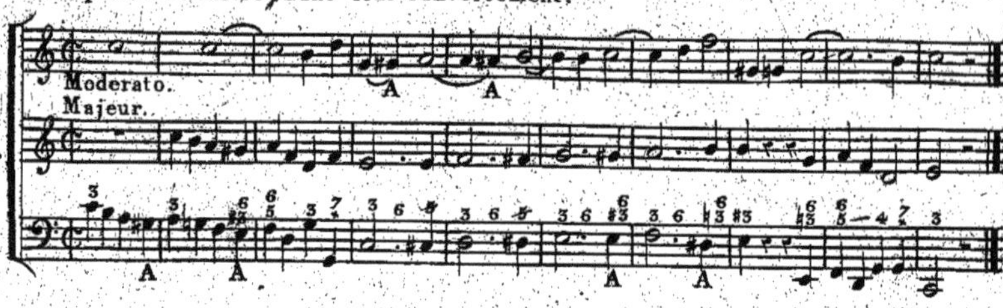

CHAPITRE XIX.

Transition rapide d'un ton à un autre dans toute l'étendue de l'échelle diatonique.

Mode mineur.

CHAPITRE XX.

Aplication de diverses regles dont on a parlé dans ce traité.

And.no grazioso.

CHAPITRE XXI.

Harmonie diverse sur l'échelle diatonique.

En suivant cette même harmonie, on peut faire tel chant qu'on voudra, en mesure simple, ou composée.

And.e majeur.

69.

Mineur.

70.

Majeur.

71.

Mineur.

72.

Majeur.
73. 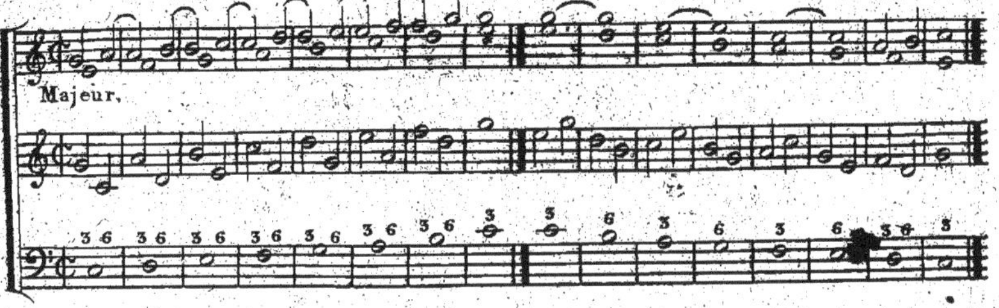
Mineur.
74. 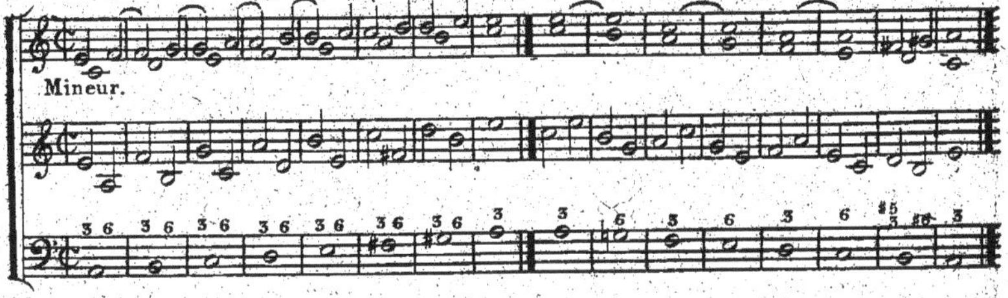
Majeur.
75. 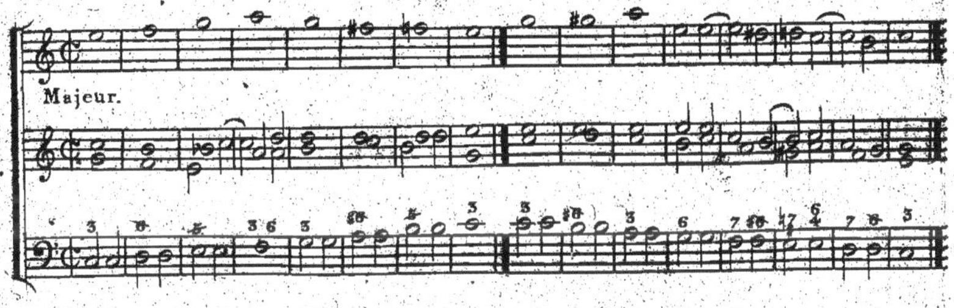
Mineur.
76.

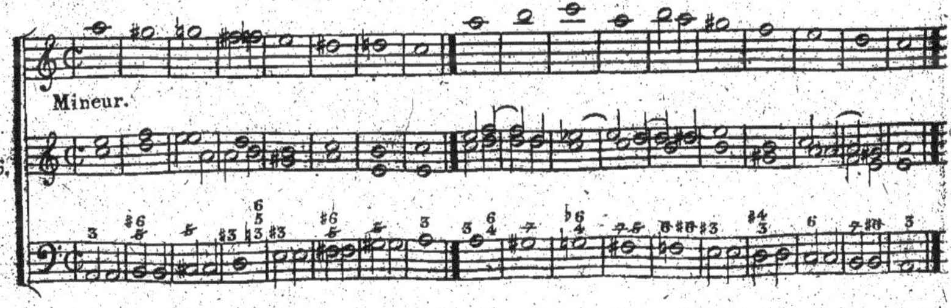

Moderato.
Majeur.
77.
Allegretto.
Mineur.
78.

Dans cet exemple, lorsque la basse descend, au lieu d'un accord de petite sixte à la suite de la septieme, on a mis à dessein, celui de sixte et quarte, pour faire voir qu'on peut à volonté retrancher en pareil cas la note qui forme la dissonance, quoiqu'elle y soit toujours sousentendue.

CHAPITRE XXII.

Des anticipations et retardemens.

Les uns et les autres commencent a ce qui est souligné.

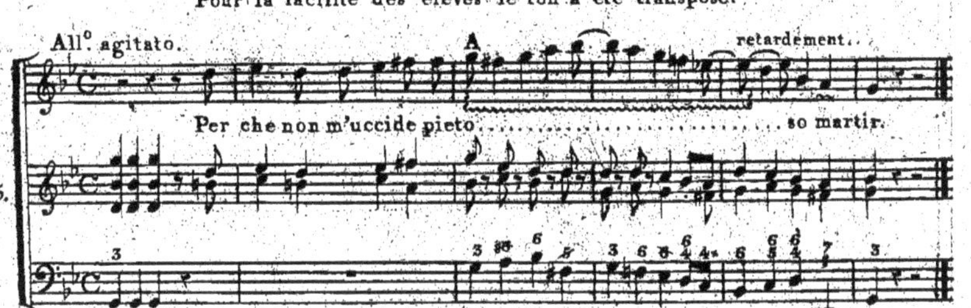

Autre Exemple tiré d'une superbe scène de Piccini.

Pour la facilité des éleves le ton a été transposé.

Même Exemple sans anticipations ni retardemens.

CHAPITRE XXIII.

De l'imitation du chant.

On la trouve dans toute l'étendue du morceau jusqu'à la marque. ∧

Autre Exemple.
Allegro.
Majeur.
88.
Mineur.
89.

CHAPITRE XXIV.

Des Modulations.

Autre Exemple.

CHAPITRE XXV.

D'un Dessein, ou Fugue, àla volonté du compositeur.

CHAPITRE XXVI, et dernier.
De la Fugue.

Tempo di capella.

...te can..ta..te omnis ter......ra can..ta..te canticum no..vum can..tate can
...vum can...ta..te omnis ter...ra cantate can..ta..te canticum no....vum
...vum can...ta..te omnis ter.....ra can..ta..te canticum no...vum can..ta.....
....ta.........te omnis ter....ra can...ta......te canticum no.....vum
Can..ta..te domino can...ta.......te canticum no.....vum
...tate canta........te cantate cantate canta.......te canta......te canta......
can....ta.........
...te can..ta.............te can...ta.........
can..ta..te can...ta.........
can....ta.........

...te canta...te omnis ter....ra can..tate cantate canta.......te cantate cantate can
...te can..ta..te omnis ter...ra can...ta............te can..ta.....
...te can..ta..te omnis ter....ra
...............te omnis ter....ra
...te can...ta..te omnis ter....ra
...ta.......te canta.....................te do...mi..no can...ta.......te
...............te canta.....................te do...mi..no can..ta......te
can..ta.....................te do..mi..no   can.
can...ta.....................te do..mi..no can..ta.......te
canta.....................te do..mi..no   can.

can....ta.......te canticum no.........vum om......nis
can..ta.............te canticum no.......vum om.....nis
....ta.............te canticum no......vum can..ta..te omnis
can..ta.........te.....can..ta..te omnis
...ta.........te canticum no.....vum om.........nis
ter....ra canta.............te.....canta......te
ter....ra....can..ta........te do..mi..no
ter.....ra....can..ta.......te do...mi no canta
ter....ra canta.............te can..ta......te....canta
ter.....ra....can.....ta

canta....te can..ta..te canticum no...vum canta.....................te can
canta............te canticum no..vum canta............te can
.................te canticum no...vum can,ta.................te can.
....te can.ta..te canticum no...vum canta..................te can.
te canta te canticum no...vum can...
...ta..te canticum no....vum can.ta..................te do..mi..no can..ta....
...ta..te canticum no....vum can.ta..........te do..mi..no can.....ta...
..ta..te canticum no....vum can...ta.............te do...mi..no can....ta..
..ta..te canticum no....vum can..ta....te do...mi..no can...ta...
..ta..te canticum no....vum can.ta....te do...mi..no can...ta..

te can tate can tate canta... te can tate can tate canta...
te can ta te cantate can ta
te can ta... te can ta...
can tate can tate canta...
te can ta te cantate can ta
te om nis ter ra om nis ter ra.
te om nis ter ra om nis ter ra.
te om nis ter ra om nis ter ra.
te om nis ter ra om nis ter ra.
te om nis ter ra om nis ter ra.